Das alles kannst Du selbermachen:

W0055095

3

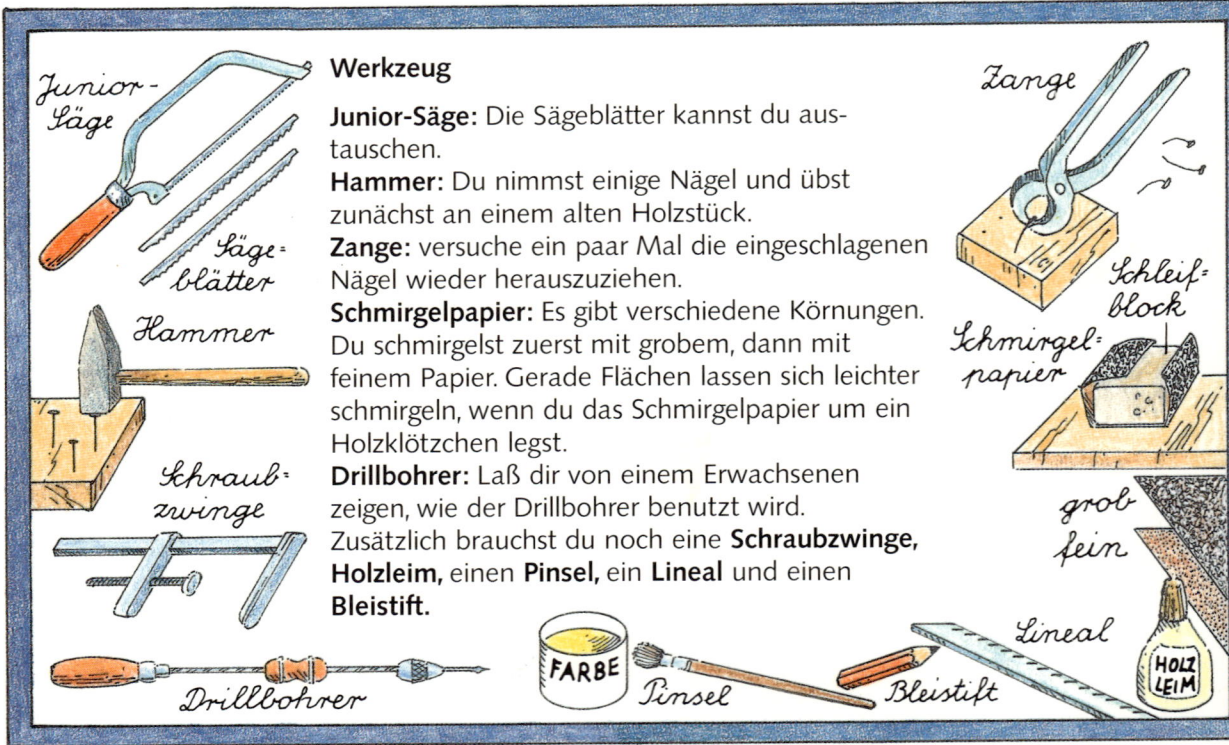

Werkzeug

Junior-Säge: Die Sägeblätter kannst du austauschen.

Hammer: Du nimmst einige Nägel und übst zunächst an einem alten Holzstück.

Zange: versuche ein paar Mal die eingeschlagenen Nägel wieder herauszuziehen.

Schmirgelpapier: Es gibt verschiedene Körnungen. Du schmirgelst zuerst mit grobem, dann mit feinem Papier. Gerade Flächen lassen sich leichter schmirgeln, wenn du das Schmirgelpapier um ein Holzklötzchen legst.

Drillbohrer: Laß dir von einem Erwachsenen zeigen, wie der Drillbohrer benutzt wird. Zusätzlich brauchst du noch eine **Schraubzwinge, Holzleim,** einen **Pinsel,** ein **Lineal** und einen **Bleistift.**

Junior-Säge

Sägeblätter

Hammer

Schraubzwinge

Drillbohrer

Zange

Schleifblock

Schmirgelpapier

grob
fein

Lineal

HOLZLEIM

FARBE

Pinsel

Bleistift

Werkbank

Holz- oder Spanplatte
(2–3 cm dick, 25 x 25 cm)
2 Holzlatten (2,5 x 2,5 cm,
Länge 20 cm und 25 cm)
Nägel, Holzleim

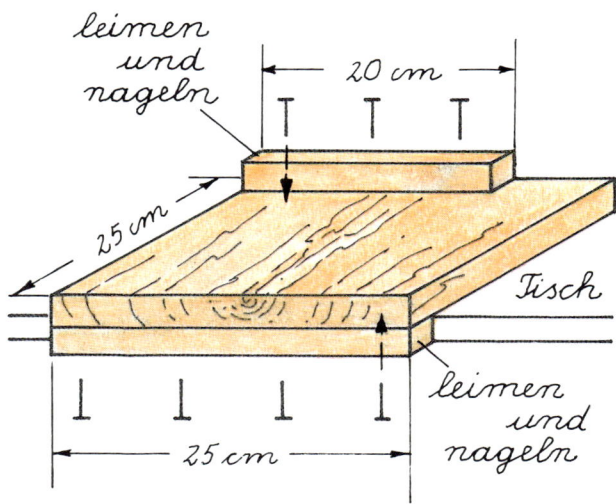

leimen
und
nageln

20 cm

25 cm

Tisch

leimen
und
nageln

25 cm

Wenn dir kein fest eingerichteter Arbeitsplatz mit Schraubstock zur Verfügung steht, so baust du zuerst diese kleine Werkbank, auch Stoßlade genannt. Du kannst Holz besser festhalten, wenn du es gegen die Lade drückst, und arbeitest dadurch genauer und sicherer.
Du nimmst dafür die Spanplatte und die zwei Lattenstücke. Die Kanten der Holzteile rundest du mit Schmirgelpapier ab. Die Latten bestreichst du mit Leim und nagelst sie fest.

Die Nägel dürfen dabei nicht länger als das Brett und die Latte sein.
Wenn du auf der Werkbank sägst, hakt sich die untere Latte an der Tischkante fest. Das kürzere Ende der oberen Latte dient als Führung für das Sägeblatt. (Achtung Linkshänder: Für dich muß der freie Raum links oben an der Lade sein.)

Garderobenständer

Holzbrett (40 x 45 cm)
Holzlatte (5 x 2 cm,
Länge 2 m)
Holzreste, Nägel
Korken

Du sägst von der Latte je ein 120 cm, ein 60 cm und zwei 10 cm lange Stücke ab. An dem Holzbrett sägst du die vier Ecken ab, so erhälst du den Kopf. Die Kanten der Holzteile schmirgelst du ab. Aus Holzresten und allerlei Bastelmaterial gestaltest du ein lustiges Gesicht. Holzteile, die nur mit einem Nagel befestigt werden, lassen sich nacher hin und her bewegen. Auf den Zeichnungen siehst du, wie die übrigen Garderobenteile zusammengenagelt werden.

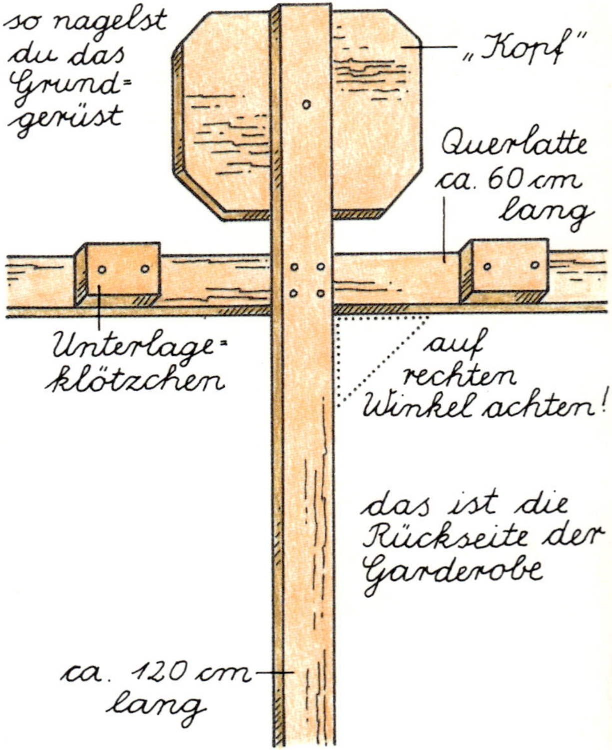

so nagelst du das Grund=gerüst

„Kopf"

Querlatte ca. 60 cm lang

Unterlage= klötzchen

auf rechten Winkel achten!

das ist die Rückseite der Garderobe

ca. 120 cm lang

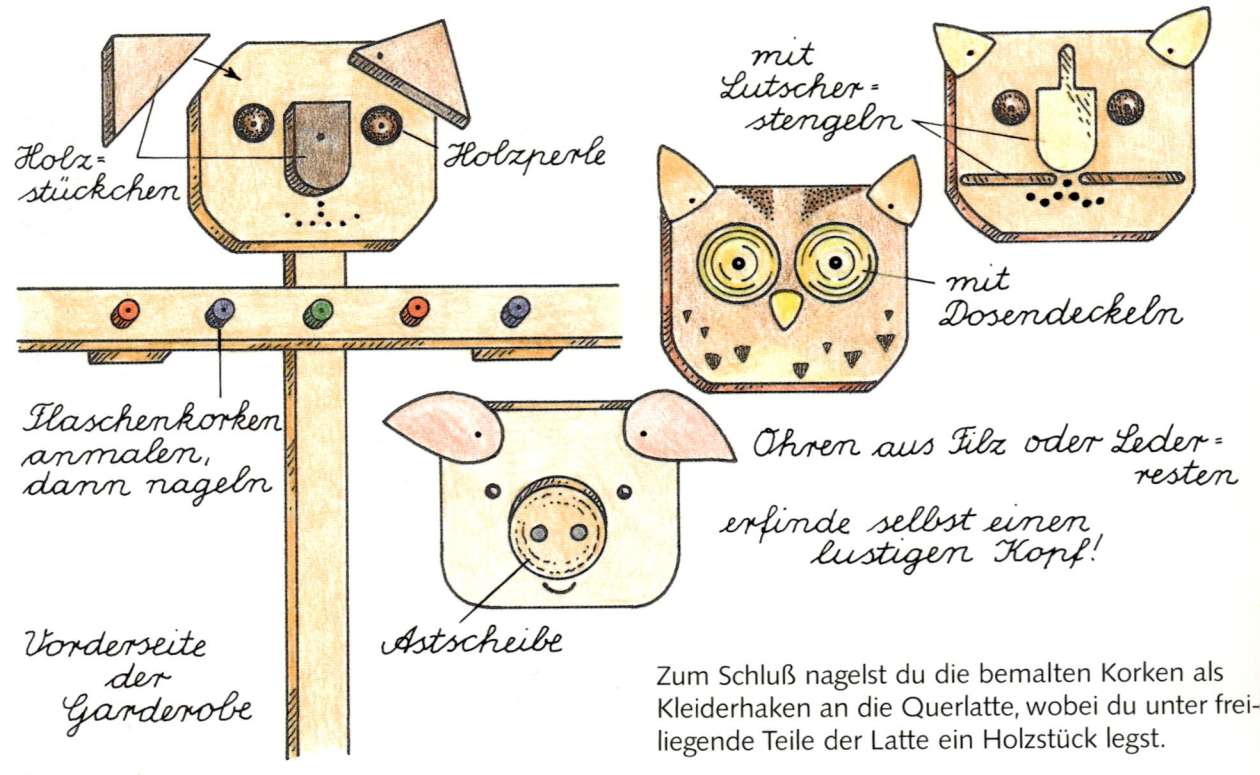

Holz=
stückchen

Holzperle

mit Lutscher=
stengeln

mit
Dosendeckeln

Flaschenkorken
anmalen,
dann nageln

Ohren aus Filz oder Leder=
resten

erfinde selbst einen
lustigen Kopf!

Vorderseite
der
Garderobe

Astscheibe

Zum Schluß nagelst du die bemalten Korken als
Kleiderhaken an die Querlatte, wobei du unter frei-
liegende Teile der Latte ein Holzstück legst.

Schiffe

Holzbrett (2 cm dick,
Länge 15 x 30 cm)
Reste von Latten,
Leisten und Rundhölzer
Nägel, Holzleim
Farbe (Acryl)

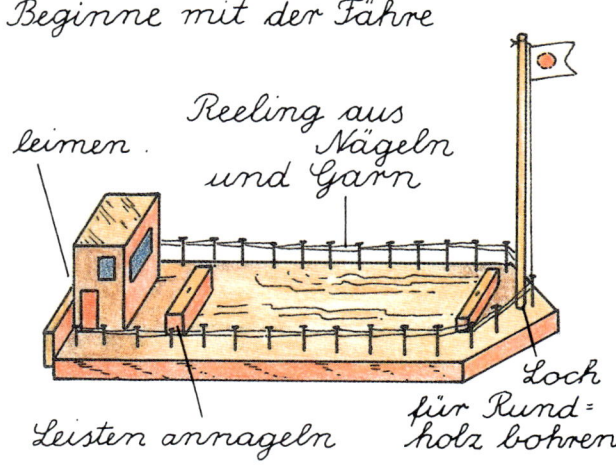

Beginne mit der Fähre

leimen

Reeling aus Nägeln und Garn

Leisten annageln

Loch für Rund= holz bohren

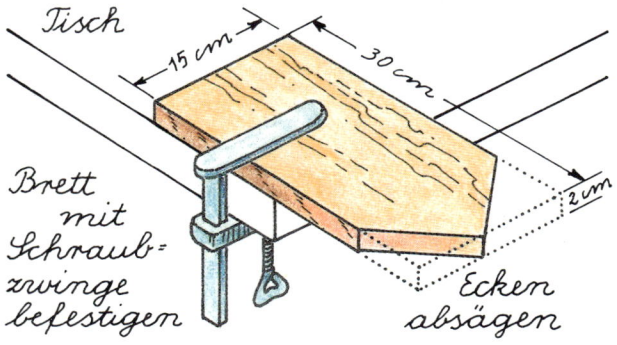

Tisch

15 cm

30 cm

2 cm

Brett mit Schraub= zwinge befestigen

Ecken absägen

Du suchst dir ein Holzbrett, das sich für den Schiffsbau eignet. Mit der Schraubzwinge befestigst du das Holzbrett an deiner Werkbank und sägst es in die gewünschte Form. Die Reste der Latten, Leisten und Rundhölzer nimmst du für die Aufbauten. Vor dem Aufleimen kannst du sie schmirgeln und bemalen. Fahnenstangen steckst du in ein vorgebohrtes Loch.

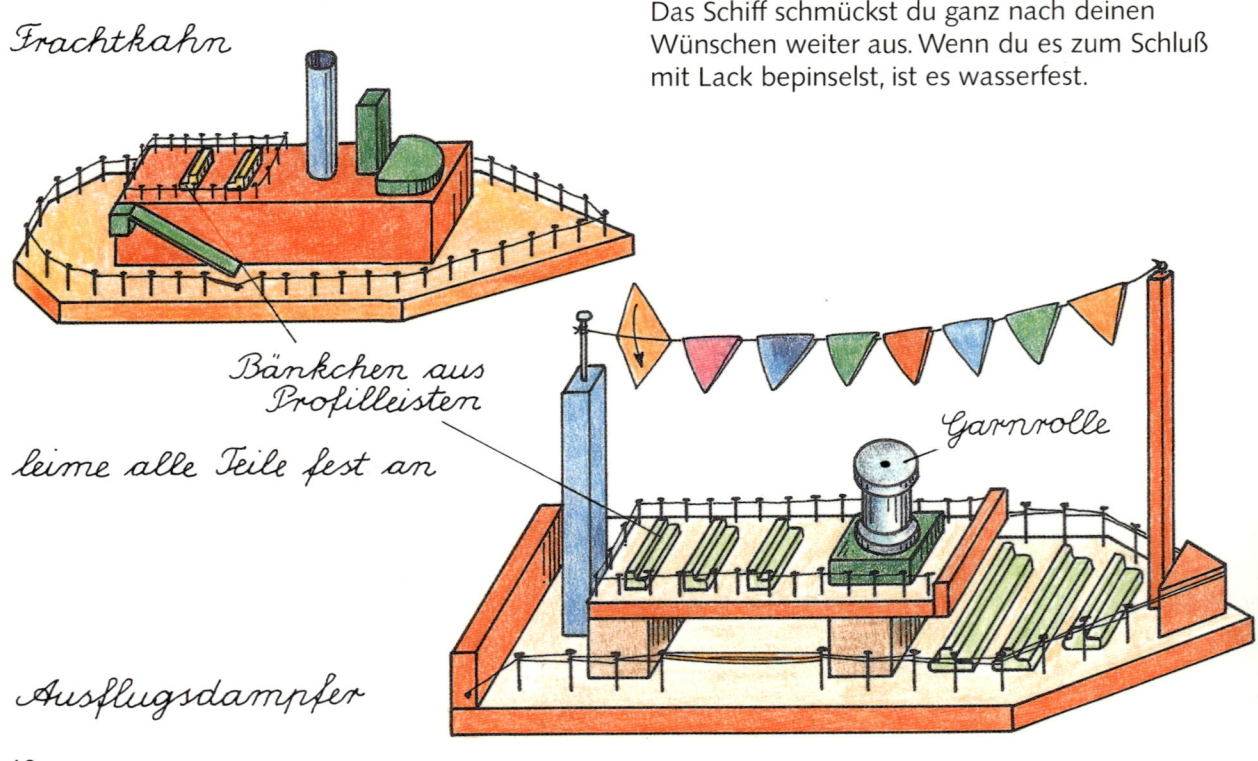

Frachtkahn

Das Schiff schmückst du ganz nach deinen Wünschen weiter aus. Wenn du es zum Schluß mit Lack bepinselst, ist es wasserfest.

Bänkchen aus Profilleisten

leime alle Teile fest an

Garnrolle

Ausflugsdampfer

Wasserrad

Vierkantholz (5 x 5 cm)
Latten von Obstkisten
Korkscheiben
Stricknadel
Nägel, Holzleim

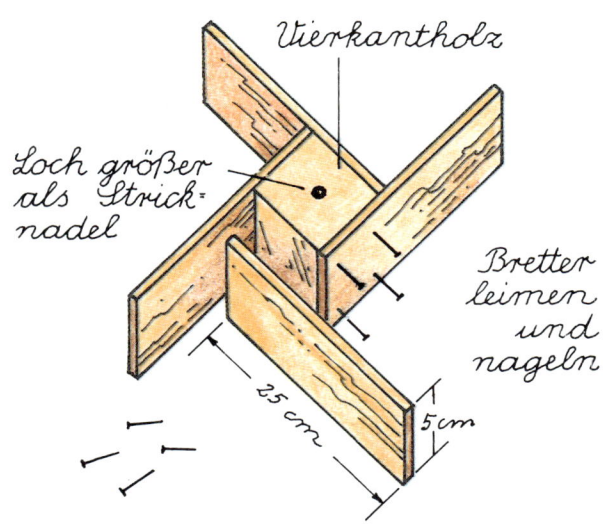

Vierkantholz

Loch größer als Strick=nadel

Bretter leimen und nageln

25 cm

5 cm

Aus den Latten der Obstkiste sägst du vier gleich lange Schaufeln. Das Vierkantholz, das 5 cm breit ist, läßt du von einem Erwachsenen genau in der Mitte durchbohren. Das Loch muß so groß sein, daß sich die Achse darin frei bewegen kann, auch wenn das Holz später durch die Feuchtigkeit aufquillt. An jede Seite des Vierkantholzes leimst und nagelst du eine Schaufel. Steckst du nun die Stricknadel durch das gebohrte Loch, so dreht sich das Rad. Dann befestigst du noch Korkscheiben auf beiden Seiten des Rades.
Am Bach legst du dein Wasserrad auf zwei Astgabeln, die du fest in den Boden steckst.

11

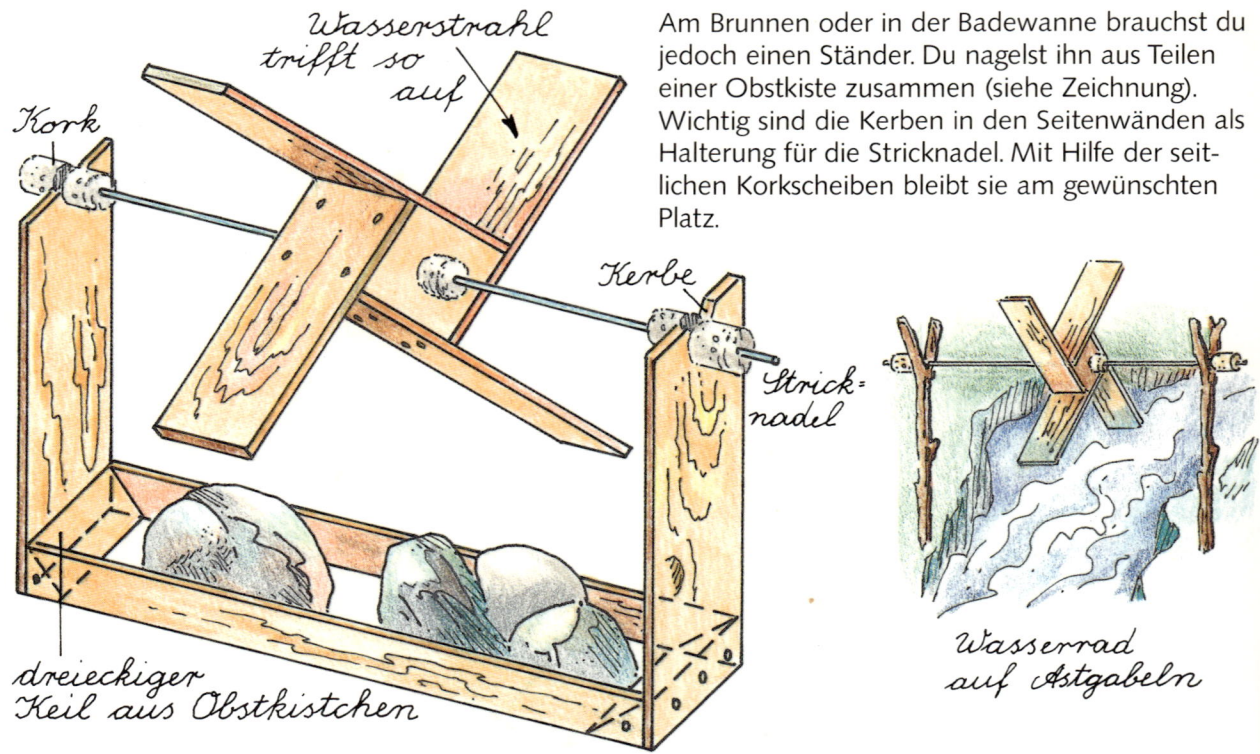

Kork

Wasserstrahl
trifft so
auf

Kerbe

Strick-
nadel

dreieckiger
Keil aus Obstkistchen

Am Brunnen oder in der Badewanne brauchst du jedoch einen Ständer. Du nagelst ihn aus Teilen einer Obstkiste zusammen (siehe Zeichnung). Wichtig sind die Kerben in den Seitenwänden als Halterung für die Stricknadel. Mit Hilfe der seitlichen Korkscheiben bleibt sie am gewünschten Platz.

Wasserrad
auf Astgabeln

13

Autos

Holzstücke
Rondos (12 mm stark)
Unterlegscheiben
Nägel, Farbe

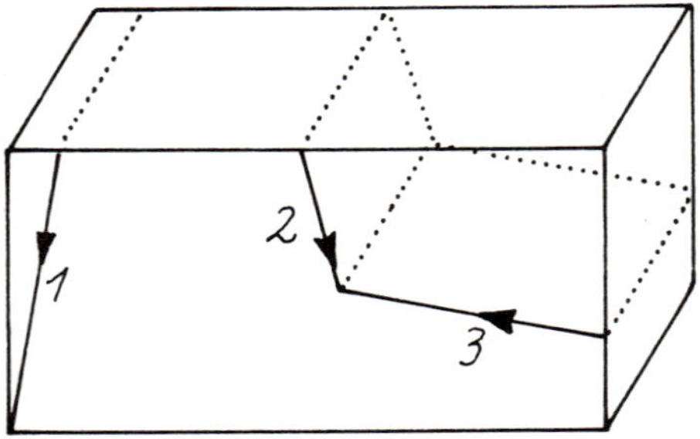

säge die Form aus

schmirgle die Kanten rund

male es bunt an

Auf dem Holzstück zeichnest du an, was du absägen möchtest. Dann befestigst du es jeweils so mit der Schraubzwinge an deiner Werkbank, daß du nacheinander die Linien 1, 2 und 3 in Pfeilrichtung sägen kannst. Nach dem Abschmirgeln der Kanten und Flächen kannst du das Auto bemalen. Mit dem Drillbohrer durchbohrst du die Rondos genau in der Mitte. Dann nagelst du die Räder mit dünnen Nägeln an das Auto. Gibst du zwischen Rad und Auto jeweils eine Unterlegscheibe, fährt dein Auto noch besser.

bohre vorsichtig das Loch in der Mitte

Unterlegscheibe

achte auf die gleiche Höhe der Nagellöcher!

15

Spieldörfer

Holzstücke
Rondos
Plakafarben
Pinsel, Folie

Rechteckig gesägte Holzstücke werden je nach Größe zu Plätzen oder Häusern, dreieckige zu Treppen, steilen Aufgängen, Vorplätzen, und große, entzweigesägte Rondos ergeben die Hauskuppeln … aus allen Teilen zusammen entsteht ein griechisches Dorf, das du dir immer wieder neu zusammenstellen kannst. Nach dem Sägen schmirgelst du zuerst die einzelnen Teile. Dann kannst du sie bemalen.

wähle für das „griechische Dorf" Klötze, die in ihren Maßen gut zueinander passen…

male alle Seiten weiß an

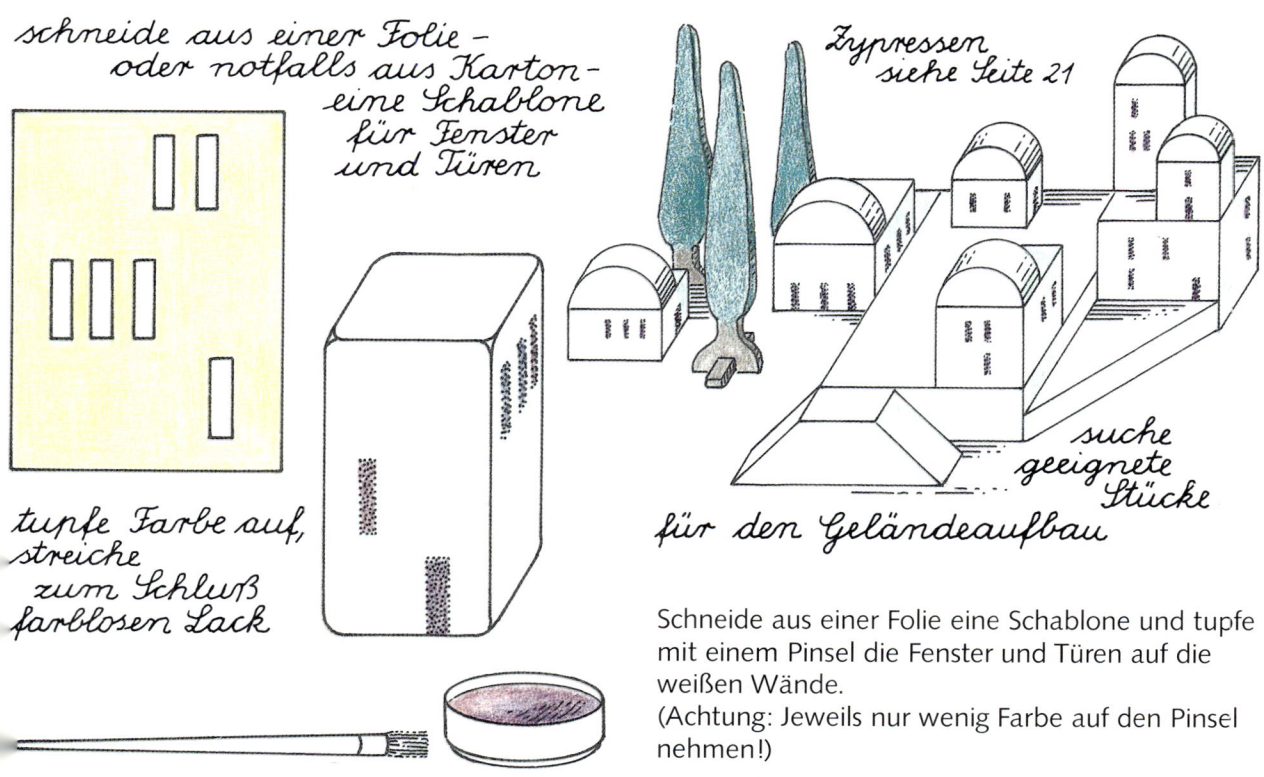

schneide aus einer Folie –
oder notfalls aus Karton –
eine Schablone
für Fenster
und Türen

Zypressen
siehe Seite 21

tupfe Farbe auf,
streiche
zum Schluß
farblosen Lack

suche
geeignete
Stücke
für den Geländeaufbau

Schneide aus einer Folie eine Schablone und tupfe
mit einem Pinsel die Fenster und Türen auf die
weißen Wände.
(Achtung: Jeweils nur wenig Farbe auf den Pinsel
nehmen!)

17

Die Häuser des Bauerndorfes unterscheiden sich von den griechischen Häusern durch die Bemalung und durch die Giebel. Diese entstehen durch zwei schräg von der Grundform abgesägten Teile (siehe Zeichnung).

Kiefern = zapfen

so sägst du Giebel aus den Klötzen

Für das Bergdorf brauchst du ein Stück Holz mit Rinde. Davon sägst du verschieden breite Teile ab. Einige von ihnen verkürzt du, so daß sich dein Dorf aus kleineren und größeren Berghütten zusammensetzt.

Tisch

Schraub=
zwinge

Säge=
tisch

Arbeiten mit der Laubsäge

Zur Ausrüstung gehören:
Laubsägebogen mit **Sägeblättchen**, besser sind
allseitig schneidende Sägeblättchen.
Laubsägetisch mit dazugehöriger **Schraubzwinge**.
Drillbohrer

Die Laubsäge sägt beim Abwärtsziehen. Deshalb
müssen die Zähne des Sägeblattes, wie auf der
Abbildung gezeigt, nach unten weisen. Zum Ein-
spannen drückt man die beiden Schenkel des
Laubsägebogens leicht gegeneinander, so daß das
eingesetzte Sägeblatt straff gespannt ist. Beim
Sägen steht das Sägeblatt senkrecht zum Holz und
wird ohne Druck auf- und abwärtsbewegt.
Bei Richtungsänderungen nicht die Säge, sondern
das Holz drehen.
Zum Laubsägen eignen sich Sperrholz, Kistenholz
und Bretter bis 10 mm Dicke.

Säge=
blättchen

Laubsäge

allseitig
schneidende
Sägeblättchen

20

Bäume

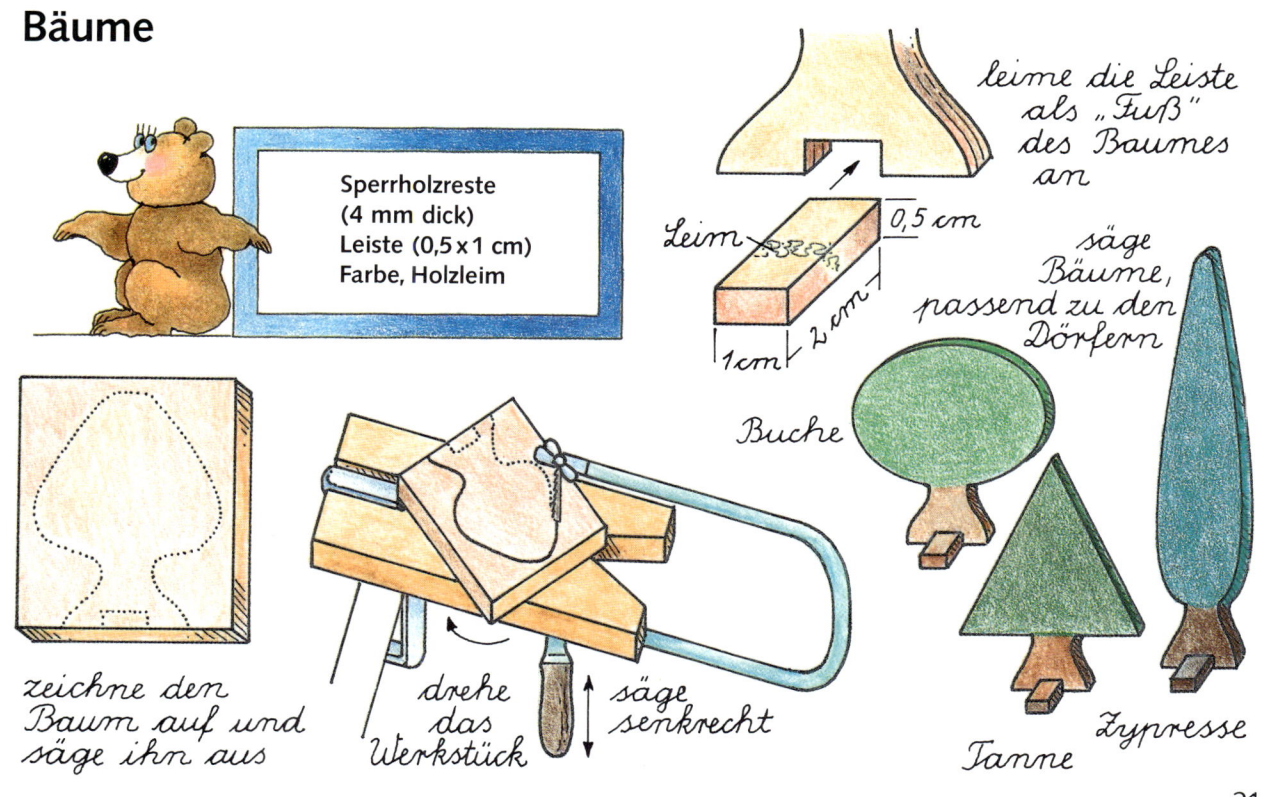

Sperrholzreste
(4 mm dick)
Leiste (0,5 x 1 cm)
Farbe, Holzleim

leime die Leiste
als „Fuß"
des Baumes
an

Leim

0,5 cm

1 cm   2 cm

säge
Bäume,
passend zu den
Dörfern

Buche

zeichne den
Baum auf und
säge ihn aus

drehe
das
Werkstück

säge
senkrecht

Tanne

Zypresse

Angelspiel

Sperrholzreste
(4 mm dick)
Glimmer, Farbe
Unterlegscheiben
Rundstab (∅ 0,8 cm,
Länge 50 cm)
Schnur, kleiner Magnet
Alleskleber

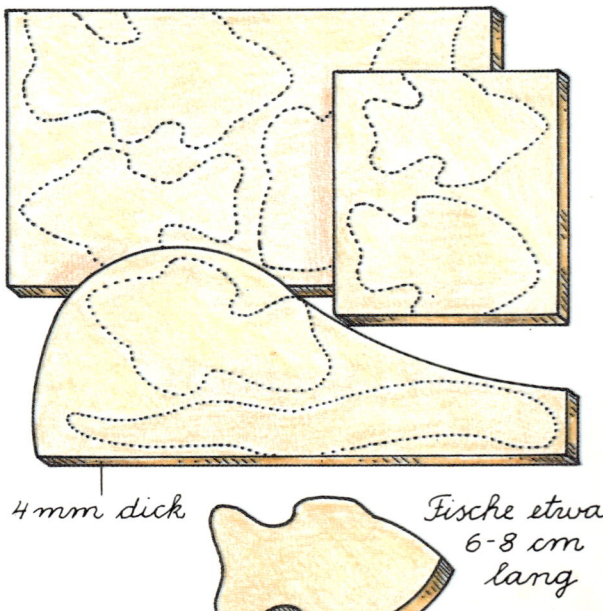

4 mm dick

Fische etwa
6-8 cm
lang

zeichne die Fische auf Sperrholz
und säge sie aus

Du zeichnest die Fische auf die Sperrholzstückchen
und sägst sie aus. Die Flächen und Kanten der
Fische schmirgelst du ab und bemalst sie bunt.
Lackierst du die Fische zum Schluß, kannst du
noch Glimmer in den feuchten Lack streuen.
Als Auge klebst du mit Alleskleber eine Unterlegscheibe auf.

22

Für die Angelrute nimmst du den Rundstab und knüpfst eine Schnur mit einem angeklebten Magneten daran. (Den Magnet erhältst du in einem Bürofachgeschäft.)

Unterlegscheibe als Auge ankleben

Schnur ankleben

Glimmer in die feuchte Farbe streuen

Schnur 35 cm lang

Rundholz 50 cm lang

Magnet ankleben

Spielregel:
Jeder in dieser Runde darf immer zweimal angeln, dabei aber nicht ins Becken schauen! Beißt ein Fisch an, darf man ihn behalten. Das Spiel ist beendet, wenn das Becken leer ist. Gewonnen hat, wer die meisten Fische geangelt hat.

Notizhalter

Sperrholzreste
(4 mm dick)
Wäscheklammern
Farbe, Alleskleber
allerlei Zubehör: Perlen,
Filz, Draht …

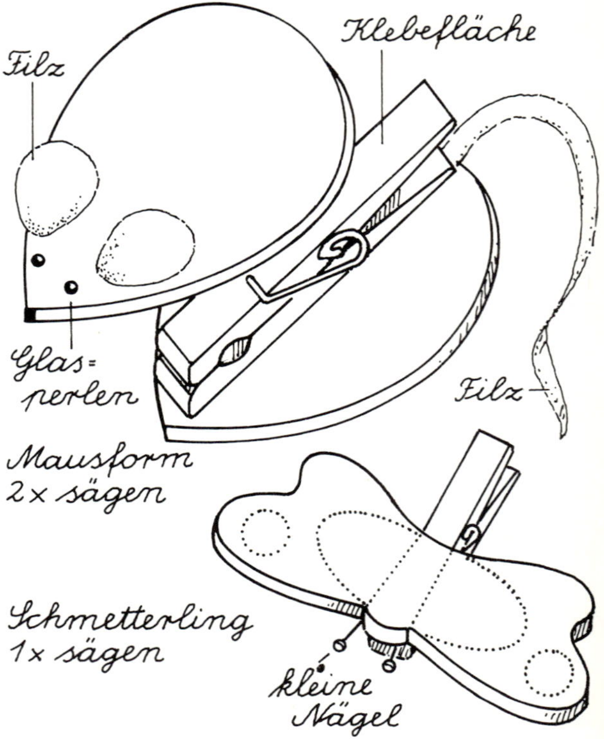

Filz

Klebefläche

Glas-perlen

Filz

*Mausform
2 × sägen*

*Schmetterling
1 × sägen*

*kleine
Nägel*

Auf Papier zeichnest du zuerst ein Tier. Es soll in der Größe zur Wäscheklammer passen. Schneide das Tier aus und übertrage die Umrisse auf das Sperrholz. Dann kannst du es aussägen, schmirgeln und bemalen. Dein Tier braucht Augen, Nase, vielleicht Ohren, Fühler oder einen Schwanz. Dafür suchst du geeignete Materialien. Zum Schluß klebst du die Wäscheklammer fest.

24

Fangspiel

Sperrholz (4 mm dick)
Farbe
dünne Schnur
Pingpongball
Zahnstocher

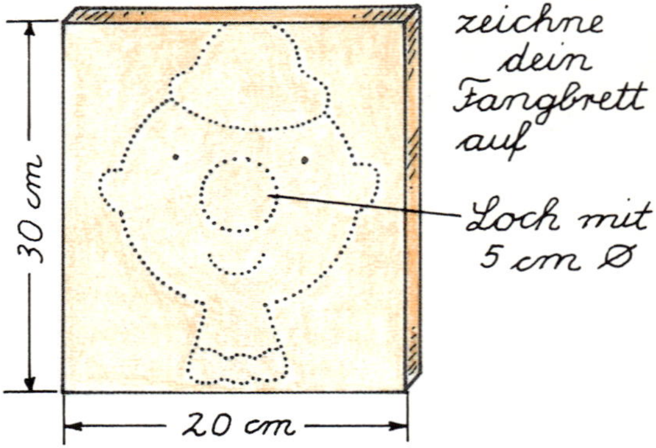

zeichne dein Fangbrett auf

Loch mit 5 cm Ø

30 cm

20 cm

Sägeblatt lösen …

… durchziehen, spannen, dann Innenkreis sägen

Du zeichnest dein Fangbrett auf und sägst es aus. Mit dem Drillbohrer bohrst du ein Loch in den Kreis. Du führst das Sägeblatt durch das Loch, spannst es wieder ein und kannst nun das Fangloch aussägen. Auf der dem Griff gegenüberliegenden Seite bohrst du noch ein Loch zur Befestigung einer Schnur. Nun schmirgelst und bemalst du das Holzbrett. Ein Ende der Schnur befestigst du, wie auf der Abbildung gezeigt, am Pingpongball, das andere Ende am Fangbrett.

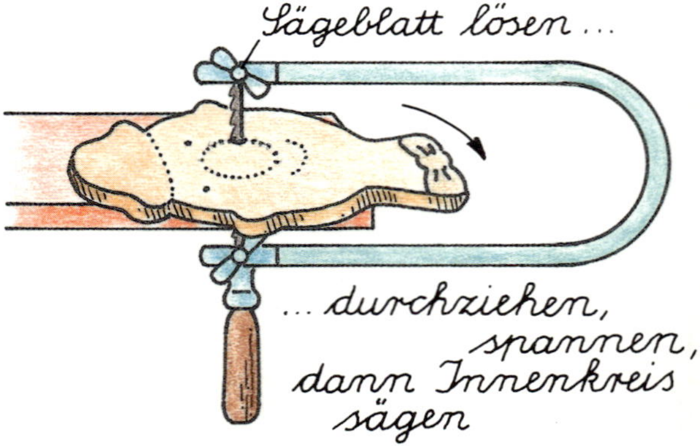

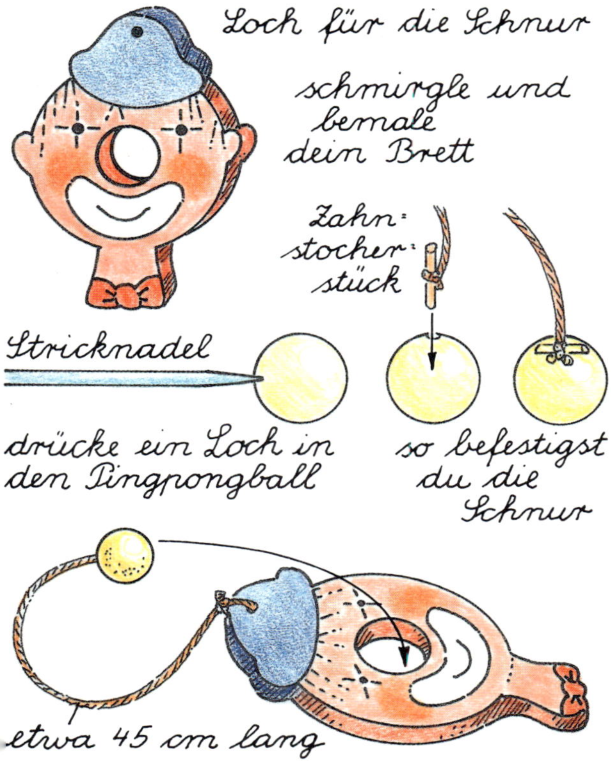

Loch für die Schnur

schmirgle und bemale dein Brett

Zahn-stocher-stück

Stricknadel

drücke ein Loch in den Pingpongball

so befestigst du die Schnur

etwa 45 cm lang

Spielregel:
Reihum hat jeder Spieler immer drei Versuche, den Ball durch das Loch einzufangen. Jeder Fang gibt einen Punkt. Gewonnen hat, wer nach fünf Runden die meisten Punkte hat.

JKK

Klangspiel

Spanplatte (2 cm dick,
30 x 30 cm)
Latte (4 x 1 cm,
Länge 130 cm)
verschiedene Nägel
Farbe

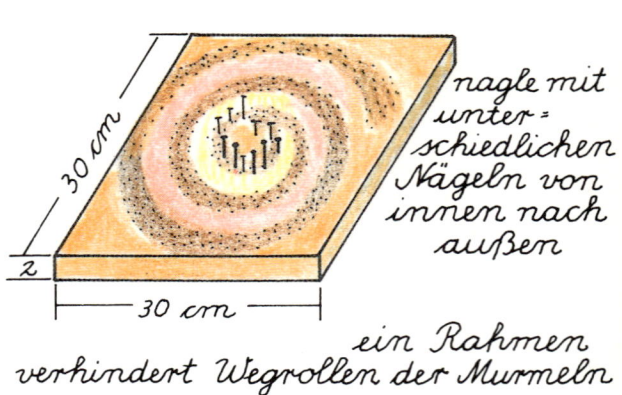

nagle mit unter=
schiedlichen
Nägeln von
innen nach
außen

ein Rahmen
verhindert Wegrollen der Murmeln

30 cm

2

30 cm

Leim

1 cm

31 cm

4 cm

Du zeichnest auf der Spanplatte ein Motiv vor
und malst es aus. Mit Nägeln, die verschieden lang
sein sollen, nagelst du von innen nach außen die
Umrisse deines Motivs. Die Abstände zwischen
den einzelnen Nägeln sollen so eng sein, daß die
Murmeln nicht hindurchschlüpfen können.

28

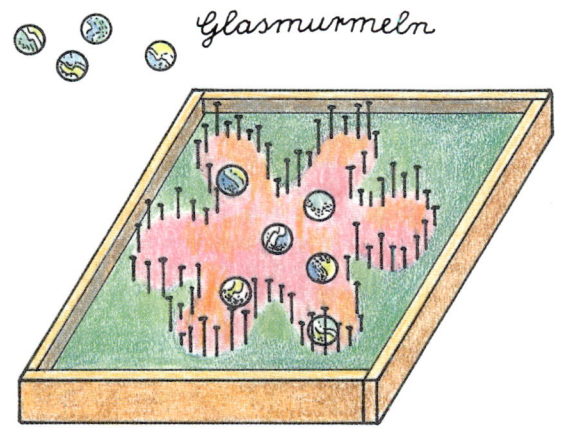

Glasmurmeln

probiere auch diese Form

Für den Rahmen sägst du die Latte in 4 Stücke von je 31 cm Länge. Du schmirgelst sie ab und leimst sie anschließend fest an die Seiten deines Klangspiels.
Hörst du die Töne, wenn die Murmeln im Vorbeigleiten einen Nagel nach dem andern erklingen lassen?

Kugelbahn

Holzklotz
Rundstab (8 mm ∅)
Sperrholz (10 mm dick)
Sperrholz (30 mm dick)
Farbe, Leim
große Holzkugel

Aus dem 10 mm dicken Sperrholz sägst du möglichst viele Plättchen von 3 x 13 cm aus. Anschließend schmirgelst du sie. Ein Erwachsener bohrt dir in jedes dieser Plättchen ein 10 mm großes Loch mit 10 mm Abstand vom Rand (siehe Zeichnung). Lasse dir auch gleich in die Mitte des Holzklotzes ein 8 mm großes Loch bohren. Aus dem 3 mm dicken Sperrholz sägst du Plättchen von 3 x 3 cm aus. Du schmirgelst zwei Ecken rund ab. Dann leimst du diese Plättchen an die Längs-

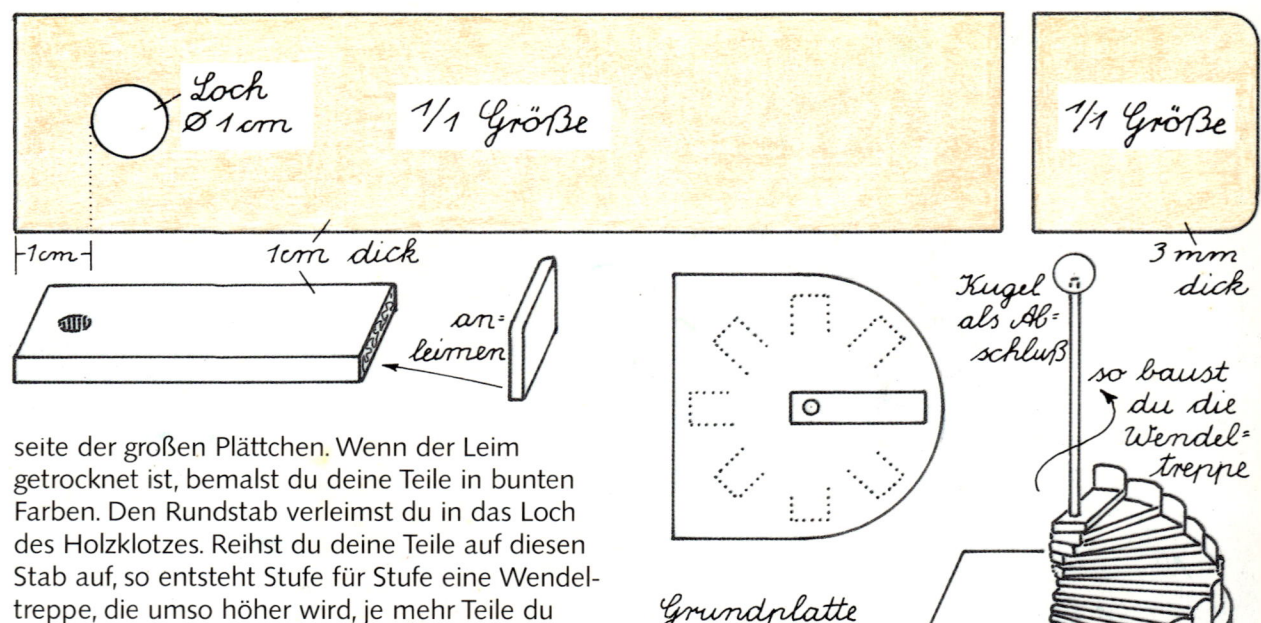

Loch Ø 1 cm

1/1 Größe

1/1 Größe

1 cm

1 cm dick

an= leimen

3 mm dick

Kugel als Ab= schluß

so baust du die Wendel= treppe

Grundplatte (Draufsicht)

seite der großen Plättchen. Wenn der Leim getrocknet ist, bemalst du deine Teile in bunten Farben. Den Rundstab verleimst du in das Loch des Holzklotzes. Reihst du deine Teile auf diesen Stab auf, so entsteht Stufe für Stufe eine Wendeltreppe, die umso höher wird, je mehr Teile du gesägt hast. Die Stufen klebst du übereinander fest und setzt ans Ende des Stabes eine Holzkugel … Gerade rechtzeitig, denn die Murmeln sind schon ganz ungeduldig!

30